AF548860

Discdogging
Tipps und Tricks für Anfänger und Fortgeschrittene

....

Autorin:
Julia Zimmermann

Bilder:
H.-P. Losert

Umschlaggestaltung:
Alexandra Urban

Satz & Layout:
Dieter Reck

Druck und Verarbeitung:
Books on Demand GmbH, Norderstedt

erschienen im
Verlag Dr. Scriptor OHG
Böhl-Iggelheim
2008
ISBN 978-3-9809578-6-1

Danke an Nadine Schott für das Überlassen der Bilder, auf denen sie zu sehen ist.
Danke an Alexandra Urban für die tatkräftige Unterstützung.

Werte Leserinnen und Leser,

Discdogging – Frisbee spielen mit dem Hund als Partner – ist eine moderne und interessant anzuschauende Bewegungsform und Sportart mit bellenden Vierbeinern, die vom lockeren „Breitensport“ ohne große Ambitionen bis zum Spitzen-Turnier-Sport betrieben werden kann.
Spaß macht es allemal und Bewegung hält fit – Mensch wie Hund.
Gesunde und aktive Hunde, die etwas Lernwillen und Apportierfähigkeit mitbringen (das haben alle Hunde prinzipiell, es muss nur gefördert und gefordert werden), können discdogging lernen. Die Grundregeln und Voraussetzungen gelten für jede Art des Frisbee-Spielens mit Hunden, unabhängig vom geplanten Niveau.
Unsere Autorin Julia Zimmermann schreibt in einprägsamen Worten und zeigt auf zahl- und lehrreichen Beispielsbildern wie es funktioniert. Ganz Fachfrau und erfahrene, erfolgreiche Praktikerin wird es dabei keinem discdogging-Interessierten langweilig, im Gegenteil: die Lektüre macht Appetit aufs Ausprobieren und lockt hinaus auf den Rasen, die ebene Wiese, an den Strand, wo auch immer man dieses herrliche „sich gemeinsam mit dem Partner Hund bewegen“ trainieren und nach und nach vervollkommnen kann.

Unseren Sponsoren, die mit Anzeigen in diesem Praxis-Handbuch vertreten sind, um deren Beachtung wir hiermit nachhaltigst ersuchen und welche die Publikation überhaupt erst ermöglicht haben, gilt der besondere Dank des Verlages.

Unseren Leserinnen und Lesern und ihren Hunden wünschen wir optimale Team-Bildung, beste Übungsmöglichkeiten, ganz viel Spaß und noch mehr Erfolg an und mit den fliegenden Scheiben, die wirklich eine Aktivitätswelt für sich bedeuten.

Böhl-Iggelheim im Sommer 2008
Verlag Dr. Scriptor OHG

Inhaltsverzeichnis

Einleitung

Discdogging ... auf Deutsch Hundefrisbee ... was ist das eigentlich?

Discdogging ist ein Sport oder auch nur eine Freizeitbeschäftigung der anderen Art für Hund und Mensch.
Es kommt aus den USA und wird dort schon seit über 20 Jahren gespielt.

Wie alles begann:

Mit fliegenden Tellern fing alles an. Um die Jahrhundertwende drehten amerikanische Studenten die Kuchenformen der „Ma Frisbee“ Bäckerei um und warfen sie einander zu. Kombiniert mit dem Prinzip einer Flugzeugtragfläche wurde daraus Ende der 50er die erste Frisbeescheibe. Wham'O Frisbee kaufte sich dieses Patent und ließ den Namen Frisbee als Trademark schützen. Da die Entwicklung auch vor den Frisbeescheiben keinen Halt machte, entdeckte der damalige Student Alex Stein seine Vorliebe für sogenannte Fastbacks. Diese Scheiben unterscheiden sich im Durchmesser und Gewicht von den herkömmlichen Frisbeescheiben, d.h. sie sind eigentlich nur kleiner und leichter und können somit auf kürzere Distanzen durch extrem viel Spin schneller bzw. präziser geworfen werden und bleiben dadurch einfach länger in der Luft. Als begeisterter Frisbeespieler nutzte er jede freie Minute, um mit seinen Freunden im Park zu üben und er wurde richtig gut! Im Sommer des Jahres 1971 trat ein neuer Lebensgefährte in sein Leben. Sein Name war Ashley Whippet, ein Whippet-Rüde, der in seinem Aussehen einem Greyhound ähnelt (nur ein wenig kleiner). Dieser Hund stand seinem Herrchen in nichts nach, natürlich auch nicht in Bezug auf die kleinen UFO-ähnlichen Wurfgeschosse, deren Flugbahn er bei den täglichen Ausflügen in den Park genau „studierte“. Und eines Tages machte er einen plötzlichen Versuch, eine von der Flugbahn abgekommene Scheibe zu fangen. Alex und seine Freunde beobachteten wie der Windhund einen Spurt hinlegte, der Frisbee immer näher kam und im richtigen Moment zum Sprung ansetzte, um die Scheibe noch in der Luft zu fassen. Begeistert applaudierten alle dem Schauspiel und ein neuer Sport war geboren. Täglich trainierten Alex & Ashley in jeder freien Minute mit immer mehr Begeisterung und sie steigerten sich von Tag zu Tag. Immer mehr Tricks, hervorgerufen durch verschiedenste Wurftechniken kamen hinzu und ein ständig steigender Zuschauerandrang blieb nicht aus. Nach viel Lob und auch einigem Belächeln durch Freunde und Bekannte überlegte sich Alex, wie er es am Besten anstellen könnte, den Hundefrisbeesport im ganzen Land oder noch besser auf der ganzen Welt bekannt zu machen. Somit fasste er den Entschluss, sich mit seinem Hund in ein Baseballstadion zu schmuggeln, um dort zu zeigen was sie gelernt hatten. Als Schauplatz für das historische Ereignis wählte Alex nicht irgendeinen Platz, sondern keinen geringeren Ort als das „Dodger Stadium“ in Los Angeles. Hier trafen am 05.08.1974 die Teams der Dodgers und der Reds aufeinander, um ein nationales Meisterschaftsspiel vor versammelter Presse auszutragen. Das Problem, dass Hunde nicht ins Stadion dürfen, umging Alex einfach, indem er seinen Hund von der Leine machte und dieser ihm - durch die Menschenmengen versteckt - treu folgte. Kurz vor dem Beginn des neunten Innings war es dann soweit. Man konnte beobachten, wie sich in der Nähe des hinteren Spielfeldes das Disc-Dog-Team aufmachte über den Zaun des Spielfeldes zu springen, um mit ihrer Show zu beginnen. Ashley & Alex begannen gleich mit spektakulären Würfen und die Zuschauer begannen hemmungslos zu applaudieren. Durch Ashleys hohe Laufgeschwindigkeit von 60 km/h und seinen Sprüngen, die die 2 Meter Marke überschritten, peitschten die beiden das Publikum zu immer mehr begeistertem Applaus und man betrachtete das Schauspiel mit Hochgenuss. Die TV Sender kommentierten live und die Radiosprecher schilderten den Zuhörern, was sich auf dem Spielfeld abspielte. Nach einigen Minuten wurde dann Alex Stein doch von einem Sicherheitsbeamten zum Aufhören gezwungen, aber was Alex damit erreichte, war der tatsächliche Beginn einer neuen Ära des Hundesports, die sich bis dato von niemandem mehr aufhalten ließ. Es folgten TV-Auftritte, Shows beim Super Bowl XII, Interviews im Radio und für Ashley bedeutete es sogar ein Portrait als erstes nicht menschliches Wesen im „people-magazine“. Er bekam eine eigene Kreditkarte, wurde Maskottchen der Football Mannschaft der L.A. Rams und als dreimaliger Hundefrisbeeweltmeister schaffte er die Aufnahme in die „Dog Fancy“ Hall of Fame.

Jetzt sind Sie wahrscheinlich genau so schlau wie vorher!

Also zur Erklärung:

Beim Discdogging spielen wir Frisbee (auch Flugscheibe genannt) mit unserem Hund und nicht mit einer anderen Person.

„Und warum sollte man so etwas tun?“.... werden Sie sich jetzt fragen.
Also schauen wir mal:

- weil Hunde gerne jagen und wir hier somit ein nettes Triebspiel haben
- weil es fast überall, ohne großen Aufwand gespielt werden kann
- weil es sehr vielseitig ist – vom einfachen Apportieren, bis zur Kür für Meisterschaften ist alles drin. Ganz nach Geschmack!
- weil unser Hund dabei seinen Kopf nutzen muss
- weil es zu einer intensiven Bindung zu unserem vierbeinigen Partner führt – je weiter wir es ausbauen, desto mehr müssen beide Partner aufeinander achten und miteinander kommunizieren
- weil es für jeden Hund, der gerne spielt, geeignet ist (für den Turniersport sollte unser Hund selbstverständlich gesund sein und vernünftig trainiert!)
- weil es den meisten Hunden großen Spaß macht, etwas aus der Luft zu fangen
- weil auch Menschen große Freude an diesem Freizeitsport haben
- weil wir Hundebesitzer einfach den Vorteil haben, dass wir keinen Partner menschlicher Natur für das Spiel mit der Flugscheibe brauchen, wir haben ja unseren Hund
- weil Frisbeespielen mehr, als nur einfach hin und her Werfen mit dem Strandwurf ist
- weil es eben auch für den Menschen ein Sport ist! Richtiges Werfen ist das A und O für das Discdogging! Und das braucht viel Training!
- Weil wir es spielen können, wann wir Lust und Zeit dazu haben

O.K. Wenn Sie jetzt sagen: „So was dummes“, dann legen Sie das Buch weg.
Für den Rest: Herzlich willkommen in der (noch) kleinen Discdoggingwelt!
Auch wenn Sie noch skeptisch sind ... lassen Sie sich von einem gänzlich unsportlichen Menschen sagen:

ES MACHT SÜCHTIG !

… nicht nur Ihren Hund … auch Sie!

Vorweg möchte ich zu meinem Buch sagen: Es beinhaltet keine Patentrezepte! Was Sie hier lesen werden, sind Möglichkeiten/Anregungen. Bei Ihnen und Ihrem Hund kann alles ganz anders sein. Sie arbeiten mit einem Lebewesen zusammen und diese sind bekanntlicher Weise alle unterschiedlich.

1. Grundsätzliches zu Beginn

Auch wenn Sie das Frisbeespielen ausschließlich dafür nutzen wollen, um Ihrem Hund mal etwas anderes, als einen Ball zu werfen:

Spielen Sie mit einer speziellen HUNDEFRISBEE!

Ihr Hund und seine Gesundheit werden es Ihnen danken!

1.1 Kleine Scheibenkunde

Spezielle Hundescheiben? – JA!

Stellen Sie sich vor, Sie sollten diese Hartplastikscheiben oder eine mit irgend einem Knubbel in der Mitte oder eine 200 g schwere Scheibe mit dem Mund fangen!
– AUA!
Ich würde dankend ablehnen!

... gut ... die Hundescheiben wollte ich jetzt zwar auch nicht so fangen ... aber nun ... ich fange auch keine Bälle mit dem Mund!
Wo ist nun der Unterschied?

- „Menschenscheiben"
Sie sind meistens aus Hartplastik oder sehr schwer und groß, mit sehr tiefem Rand.
Hartplastik ist, wie der Name schon sagt, hart. Schlägt es gegen die Hundezähne, können diese sehr leicht abbrechen.
Auch splittert dieses Material, wenn der Hund beim Fangen darauf beißt. Zudem sind die Kanten oftmals scharf und verletzen die Lefzen und Zunge. Die Vorstellung, mein Hund hat so einen Splitter irgendwo im Maul, Hals oder sonst wo stecken, erschreckt mich.
Oft kommt noch ein großes Gewicht dazu. Wenn also die Scheibe die Zähne oder den Hund irgendwo trifft, ist das doch recht gefährlich.

„Hundescheiben“

Es gibt sie in einigen verschiedenen Ausführungen. Je nach persönlichen Vorlieben und je nachdem, ob man sich für den Sport als reine Freizeitbeschäftigung oder auch für Turnierteilnahmen entscheidet.

Allen gemein ist:

- sie sind nicht zu groß und schwer
- sie sind weich und biegsam
- sie haben keine scharfen Kanten
- sie brechen oder splittern nicht

Einige Modelle

- Dogstar

Sie ist der amerikanischen Fastback nachempfunden. Der Unterschied liegt hauptsächlich im Preis. Die Dogstar ist billiger, da sie in Deutschland produziert wird.

Es ist eine stabile Scheibe, die einiges aushält, gute Flugeigenschaften hat und gut in der Hand liegt. Sie ist für allerlei Wurftechniken und Tricks und zur Turnierteilnahmen geeignet.

- Dogstar Chrusher

Sie ist der Frostbite nachempfunden. Durch einen höheren Gummianteil, ist sie weicher. Somit ist sie für Hunde mit festem Biss geeignet, da sie nicht so schnell kaputt geht. Auch Hunde mit empfindlicherem Maul nehmen diese Scheibe gerne an. Zudem ist sie kältebeständig. Die härteren Scheiben platzen im Winter schon mal. Die Chrusher hält auch unter dem Gefrierpunkt (bis ca. -10 Grad Celcius).

Auch sie ist für Turnierteilnahmen geeignet.

- K9 Flex-FastbackFrisbee

Ist eine stabile, biegsame Scheibe, speziell für das Discdogging. Sie wird in den Staaten hergestellt. Importbedingt ist der Preis recht hoch, da die Scheiben je nach Biss des Hundes recht schnell kaputt gehen, kann das Discdogging mit diesen Scheiben ganz schön teuer werden.

- Frostbite

Kältebeständige Scheibe, durch erhöhten Gummianteil. Auch sie werden aus den USA importiert.

- Dogobie

Das sind Vollgummischeiben, die zahnschonend sind und bei Hunden mit nicht all zu hartem Biss auch fast unkaputtbar sind. Da sie vom Material her sehr „schlabbrig" sind, ist die Flugeigenschaft nicht so berauschend. Passt in fast jede Tasche und ist für das Spiel zwischendurch, z.B. anstelle eines Balles auf jeden Fall gut geeignet.

- Nylon-Scheiben

Scheiben aus Nylon, mit verstärktem Rand. Leichte Scheibe, flexibel, für Hunde, mit empfindlichem Maul und für das Spiel zwischendurch, sowie für Welpen geeignet. Die Flugeigenschaft ist mittelprächtig.

Es gibt zwischenzeitlich eine ansehnliche Auswahl an Hundefrisbees.

Die Dogstarscheiben, die Fastback und die Frostbite haben gute Flugeigenschaften. Somit sind sie sehr gut für Tricks, verschiedene Wurftechniken und weite Würfe geeignet. Bei richtiger Wurftechnik stabilisieren sie sich in der Luft und sind so gut für den Hund zu „lesen" und zu fangen.

Und es werden immer mehr.

Wie haltbar eine Scheibe ist, hängt immer vom Hund und dessen Biss ab. Aber lieber kaputte Scheiben, als ein verletztes Hundemaul.

Da fällt die Wahl natürlich schwer.

Hier einige Anhaltspunkte für Sie bei der Auswahl:

- Sie möchten die Scheibe als Abwechslung zu anderem Spielzeug?
- Ihr Hund hat ein empfindliches Maul?
- Sie möchten sich nicht die Arbeit machen oder haben nicht die Zeit, das richtige Werfen zu lernen?
- Sie wollen erst mal sehen, ob Ihr Hund überhaupt Lust auf dieses Spielzeug hat?

Die Erfahrung hat gezeigt, dass die Dogobie und Nylonscheiben hier sehr brauchbar sind.

- Sie haben schon Spaß am Spiel mit der Scheibe?
- Sie wollen längere Würfe machen?
- Es hat Sie das Discdoggingfieber gepackt und Sie wollen richtig werfen und Ihrem Hund Tricks beibringen? Eventuell an Turnieren teilnehmen?

Dafür sind sowohl die Dogstar, als auch die K9 Scheiben geeignet. Zwischen den beiden entscheidet am Ende der Geldbeutel und die persönliche Vorliebe.

1.2 Alles steht und fällt mit der Wurftechnik

Mit dem Frisbeespielen ist es wie mit jedem Sport ... es sollte richtig erlernt werden (außer man ist ein Naturtalent).

Nur wer gelernt hat richtig zu werfen, kann so spielen, dass es für unseren Hund nicht gefährlich ist. Zudem macht es einem selbst mehr Spaß, wenn die Scheibe gut fliegt!

Es gibt an vielen Hochschulen Ultimatemannschaften (ein Feld-/Teamsport mit Frisbee), bei denen man auf Anfrage mit trainieren kann. Unter ***www. Frisbee.de*** wird man hier fündig. Oder Sie fragen beim Deutschen Sportbund nach.

1.3 Safety first – Oberstes Gebot: Sicherheit!

Egal, wie Sie dem Discdogging frönen ... die Sicherheit des Hundes sollte – selbstverständlich – im Vordergrund stehen.
D.h. man sollte der Versuchung widerstehen, auf dem Buckelacker um die Ecke zu spielen...
...die Gefahr, dass sich der Hund verletzt, in ein Loch tritt oder ähnliches, ist doch sehr hoch.
Auch sollte der Boden nicht zu hart sein oder gar asphaltiert ... aber das versteht sich ja von selbst.

Wärmen Sie Ihren Hund vor dem Spiel auf und lassen Sie Ihn danach auslaufen. So können Verletzungen das Bandapparates und der Muskeln vermieden werden.

Sortieren Sie kaputte, zerkaute Scheiben aus. So können Verletzungen im Maul vermieden werden.

Überfordern Sie ihren Hund nicht. Ein Hund, der voll im Spiel ist, hört selten auf, wenn er nicht mehr kann. Beenden Sie das Spiel rechtzeitig. Lieber öfters kurz spielen.

Füttern Sie Ihren Hund nicht direkt vor dem Spiel, sonst besteht die Gefahr einer Magenverdrehung.

Kontrollieren Sie nach jedem Spiel Ihren Hund auf eventuelle Verletzungen.

Sie haben sich für die Teilnahme an Turnieren entschieden?
Bedenken Sie:
Ihr Hund ist ein Sportler! In zwei Wochen von Null auf Hundert – ist vielleicht möglich – nur überlegen Sie, dass wir oft jahrelang in einem Sport trainieren, bis wir an Turnieren teilnehmen können. Mit unserem Hund ist es nicht anders und wir wollen ja noch einige Jahre Freude an und mit ihm haben!
Bei einem vernünftig aufgebauten Training, über ausreichend lange Zeit, werde Sie und Ihr Hund lange Freude an diesem Sport haben. Und das ist doch das Wichtigste!

Die Zahl der Discdogger, die ihre Kenntnisse weitergeben, nimmt stetig zu.
Im Anhang finden Sie einige Adressen.

1.4 Etikette

Als Hundehalter hat man es hier zu Lande nicht leicht.
An dieser Stelle möchte ich noch ein paar Dinge ansprechen, die (zu mindestens in meinen Augen) selbstverständlich sein sollten.
Jeder, der das Discdogging ausübt, repräsentiert es gewissermaßen auch. Außenstehende machen keinen Unterschied zwischen Hobby und Sport.
Also: nehmen Sie Rücksicht auf die Umgebung, vor allem auf Menschen und Hunde. Sie selbst wollen auch so behandelt werden, oder etwa nicht?
Halten Sie die Umgebung sauber: beseitigen Sie die Hinterlassenschaften Ihres Hundes. Egal, ob es jemand gesehen hat oder nicht.
Achten Sie auf ein angemessenes Verhalten Ihres Hundes. Unangebrachtes Verhalten kann peinlich und sogar gefährlich werden!

So, dass war jetzt recht viel Grundsätzliches, aber es gibt nun mal immer Dinge, die beachtet und bedacht werden müssen! All das trägt zur Gesunderhaltung unserer Hunde bei, kann unnötigen Frust verhindern und den Spaßfaktor beträchtlich steigern.
Und noch was vorweg:
Jeder Hund lernt auf seine Art. Also werfen Sie nicht gleich die Flinte ins Korn, wenn es nicht auf Anhieb klappt. Seien Sie kreativ. Ihnen fällt bestimmt ein Weg ein, das Ziel zu erreichen. Auf Dinge, die lange und hart erarbeitet sind, können sie gleich noch mal so stolz sein.

Genug der Vorab-Worte. Gehen wir zum praktischen Teil über!

2. Wurftechniken

Ja, ich weiß... Sie wollen jetzt mit Ihrem vierbeinigen Freund loslegen!

Tut mir leid. Ich bleibe dabei: egal ob zum Zeitvertreib oder als Sport, egal mit welcher Scheibe, alles steht und fällt mit dem Werfer!
Im Klartext: je besser Sie werfen, desto optimaler fliegt die Scheibe und um so vollkommener fängt sie der Hund. So ist es sicher für Ihren Hund und Sie und beide haben mehr Spaß daran.
Jetzt werden Sie sich fragen: „Wie soll ich das denn aus einem Buch lernen?“
Gute Frage! Am Besten ist es wirklich, Sie suchen sich jemanden, der Sie trainiert. Trotzdem habe ich den Versuch unternommen, die einzelnen Techniken in Wort und Bild zu erklären und darzustellen.

2.1 Der Backhand

Eigentlich kennt ihn jeder, als den Baggerseewurf. Ist ja ganz einfach, werden Sie sich jetzt sagen. Doch vergessen Sie nicht:
Die Scheibe soll so fliegen, dass Ihr Hund sie sicher fangen kann.

- Stellung

- Stehen Sie locker, mit leicht gegrätschten Beinen.

- Griff

Legen Sie vier Finger in den Rand der Scheibe, den Daumen auf das Blatt. Die Scheibe soll nicht zu lokker und nicht zu fest gehalten werden. Wird sie zu locker gehalten, schlingert sie in der Luft. Wird sie zu fest gehalten, bekommt man sie beim Abwurf nicht aus der Hand.

Die Scheibe halten Sie dann mit dem Blatt (Oberseite) leicht schräg von Ihrem Körper weg.

Halten Sie die Scheibe auch beim Abwurf so. Auf diese Art und Weise kann sie sich in der Luft besser stabilisieren.

- Technik

Beugen Sie sich etwas nach vorne. Hiermit bringen Sie Abstand zwischen sich und die Scheibe, falls Ihr Hund doch mal zu enthusiastisch an die Scheibe geht. So erwischt er nicht Sie. Zudem können Sie so weiter ausholen, um der Scheibe mehr Schwung zu geben. Führen Sie die Scheibe vorne an sich vorbei, in Rich-

tung des freien Armes. Jetzt den Wurfarm in einer flüssigen Bewegung bis zur Abwurfposition führen. Die Abwurfposition soll in Schulterhöhe sein, der Arm dorthin zeigen, wo die Scheibe hin soll. Das Anstellen (leichte Schrägstellung) der Scheibe nicht vergessen. Die Scheibe nun angestellt, mit Spin (Schwung aus dem Handgelenk) abwerfen. Den Spin können Sie mit der Technik vom Tischtennis und Tischfußball vergleichen.

Korrekt ausgeführt, ist der Backhand einer der schwierigsten Würfe.

2.2 Der Sidearm

Der Sidearm, ist mit der Vorhand beim Tischtennis vergleichbar. Die Scheibe wird seitlich des Körpers geführt.

- Stellung

Stehen Sie leicht gegrätscht. Das Bein auf der Seite des Wurfarmes wird gebeugt (wie bei einem Ausfallschritt).

- Griff

Legen Sie den Ring- oder Mittelfinger mit der Fingerbeere in den Rand der Scheibe. Der Daumen liegt auf der Oberseite der Scheibe. Die Scheibe soll sicher in der Hand liegen. Der Finger im Rand der Scheibe gibt ihr später den Spin.

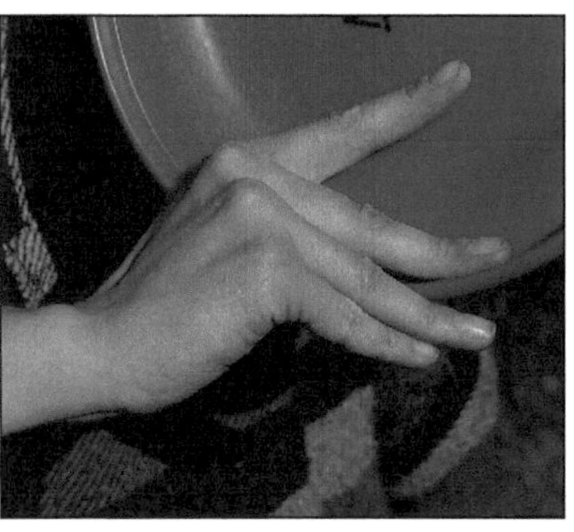

Wichtig ist, dass die Fingerbeere richtig im Rand liegt.

Auch bei diesem Wurf wird die Scheibe angestellt.

- Technik

Winkeln Sie den Wurfarm im Ellenbogen ab.

Holen Sie mit dem Arm von hinten Schwung. Führen Sie den Arm seitlich am Körper nach vorne, bis der Arm gestreckt ist. Geben Sie der Scheibe aus dem Handgelenk und mit dem Finger im Rand Spin. Lassen Sie die Scheibe in Schulterhöhe, in der Richtung, in die sie fliegen soll, los.

2.3 Der Upsidedown

Wie der Name schon sagt, fliegt die Scheibe hierbei mit der Oberseite nach unten.

- Stellung

Stehen Sie locker, das Bein auf der Seite des Wurfarmes nach hinten stehend (so kann der ganze Körper als Feder wirken).

- Griff

Der Griff ist derselbe, wie beim Sidearm. Auch hier die Scheibe anstellen.

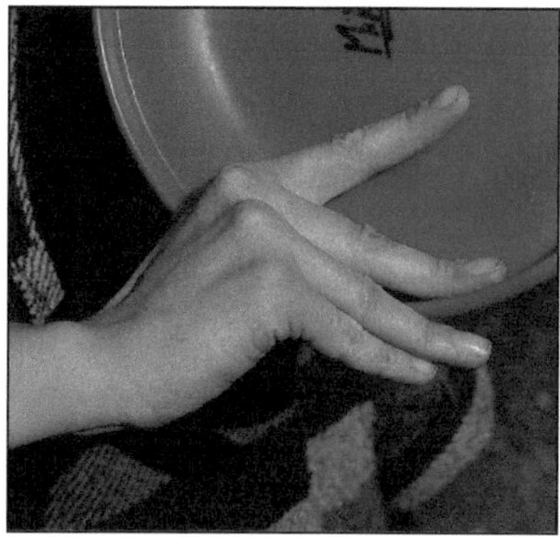

Technik

Nehmen Sie die Scheibe sicher in die Hand. Nutzen Sie das Kugelgelenk Ihrer Schulter und holen Sie (von hinten den Wurfarm über den Kopf führend) weit aus. Die Scheibe wird bei diesem Wurf über dem Kopf abgeworfen. Werfen Sie die Scheibe angestellt über Ihren Kopf nach vorne/oben ab. Geben Sie ihr mit dem Handgelenk und dem Finger im Rand Spin.

Stellen Sie sich vor, dass Sie über einen zwei Meter großen Menschen, der vor Ihnen steht werfen wollen. Macht es am Anfang leichter.

2.4 Der Roller

Der Roller ist der Grundwurf, um das Training mit dem Hund zu beginnen. Wie der Name schon sagt, rollt die Scheibe hierbei über den Boden. Somit ist dieser Wurf bestens geeignet, Hunde mit diesem neuen Spielzeug bekannt zu machen.

- Stellung

Sie können stehen, hocken, knien, wie es Ihnen gefällt.

- Griff

Wie beim Backhand.

- Technik

Rollen Sie das Handgelenk mit der Scheibe ein, sodass sie auf Ihrem Unterarm ist. Nun geben Sie der Scheibe aus dem Handgelenk Spin. Geben Sie sie nach vorne auf den Boden frei. Machen Sie dabei mit dem Arm eine Vorwärtsbewegung, damit die Scheibe nicht vor Ihnen auf den Boden knallt.

Die drei Würfe sind sogenannte Grundwürfe. Mit ihnen kann man, wenn man sie sicher beherrscht, verschiedene Trickwürfe machen.

Alle drei haben gemein:

- Bis sie richtig sitzen, heißt es üben, üben, üben... (außer Sie sind ein Naturtalent).
- Bei allen dreien kann an der Flugbahn erkannt werden, was an der Technik verbessert werden sollte.
- Kippt die Scheibe seitlich weg, muss sie beim Abwurf mehr angestellt werden.

Eine so fliegende Scheibe ist Gefährlich!

- Fliegt sie zu weit nach recht oder links, haben Sie entweder zu früh oder zu spät los gelassen.
- Können Sie damit den Rasen mähen? Werfen Sie die Scheibe höher ab.
- Fliegt sie zu hoch? Werfen Sie die Scheibe tiefer ab.
- Schlingert sie in der Luft? Geben Sie der Scheibe mehr Spin und halten Sie sie gegebenenfalls fester.
- Sie verreißen die Scheibe? Halten Sie die Scheibe lockerer.

Gut, jetzt wissen Sie, was Sie tun können, wenn Ihnen langweilig ist. Je öfter Sie nach der Scheibe greifen und damit spielen, desto vertrauter wird sie Ihnen.
Wie Sie diese Grundwürfe als Trickwürfe anwenden können, beschreibe ich später. Jetzt üben Sie erst einmal diese drei und lesen, wie Sie mit Ihrem Hund anfangen zu trainieren.

3. Der Hund und das neue Spielzeug

Vorweg: Jeder Hund ist anders!
Sie unterscheiden sich auch bei gleicher Rasse darin, wie sie lernen, spielen, sich bewegen und konzentrieren.
D.h., dass Sie ganz am Anfang Ihren Hund genau beobachten sollten, um heraus zu finden, wie er ist, welche Eigenarten er hat und welche Voraussetzungen er mitbringt. Wenn Sie sich diese Mühe machen, werden Sie sich Enttäuschungen auf Grund falscher Erwartungen weit- gehend ersparen!

3.1 Aller Anfang ist schwer

Gehen wir davon aus, dass Ihr Hund nicht mit allem und jedem spielt.
Also müssen wir ihm die Scheibe schmackhaft machen!
- Füttern Sie aus der Scheibe, statt aus dem Napf.
- Im Sommer können Sie die Scheibe als Wassernapf für unterwegs nutzen.
- Setzen Sie sich neben Ihren Hund und rollen sie die Scheibe von ihm weg. Durch den Beutetrieb laufen die meisten Hunde Dingen hinterher, die sich von ihnen fortbewegen.
- Spielen Sie alleine, ohne den Hund zu beteiligen, mit der Scheibe. Wenn er Interesse zeigt, bieten Sie ihm die Scheibe an. Es ist wichtig, dass Sie die Scheibe wegpacken, wenn das Interesse am größten ist. Hunde sind wie kleine Kinder: Was sie nicht haben können, wollen sie.
- Sie können auch mit jemand anderem spielen und den Hund zusehen lassen. So, dass er an die Scheibe kann, wenn er will.
- Oder werden Sie kreativ. Versehen Sie eine Scheibe mit einer Schnur und ziehen Sie diese hinter sich so her, dass Ihr Hund sie als Beute ansieht.
- Zergeln – Zerrspiele machen.

Der Phantasie sind keine Grenzen gesetzt. Achten sie nur darauf, dass sie Ihren Hund nicht überfordern. Ein paar Minuten sind ausreichend.
Und ganz wichtig: Bestätigen sie jeden noch so kleinen Schritt in die richtige Richtung, durch überschwängliches Lob! Ihr Hund will Ihnen gefallen und Sie haben die Aufgabe, ihm zu verstehen zu geben, dass er Ihnen gefällt!
Dieses „Heißmachen“ auf die Scheibe soll für den Hund immer mit Spaß verbunden sein. Vergessen Sie nie dabei, selber Vergnügen daran zu haben, auch wenn alles seine Zeit dauert. Wenn Ihr Hund sieht, dass Sie Freude daran haben, hat er sie bestimmt auch bald.

3.2 Erste Würfe

Jetzt haben Sie den Hund mit der Scheibe vertraut gemacht. Und im Idealfall ist er schon heiß auf die Scheibe.

Dann können Sie jetzt mit den ersten Würfen beginnen (die Sie vorher natürlich geübt haben).
Sie beginnen mit dem Roller. Hierbei lernt der Hund, die Scheibe vom Boden auf zu nehmen, während sie rollt. So muss er nicht gleich nach der Scheibe springen. Auch können Sie an einer langen Leine das sichere Apportieren üben, wenn Ihr Hund die Scheibe nicht zurück bringt. Halten Sie die Leine locker, sodass der Hund keinen Ruck am Halsband beim Loslaufen bekommt; Sie ihn aber sanft an der Leine zu sich zurückführen können.
Ist Ihr Hund sicher beim Roller fangen und Apportieren, machen Sie mit kurzen Backhandwürfen weiter.
Bringen Sie Ihrem Hund hierbei gleich bei, um Sie herum zu gehen, sodass er in Wurfrichtung steht. Das ist geschickter.
Halten Sie die Würfe kurz, damit ist die Chance größer, dass Ihr Hund die Scheibe aus der Luft fangen kann. Bei langen Würfen besteht oft die Gefahr, dass sie am Boden aufkommt, bevor der Hund sie fangen kann. Nicht wirklich ein Erfolgserlebnis.
Lassen Sie sich von Ihrem Hund nicht aus der Ruhe bringen! Auch wenn er noch so fordernd sein mag: Bringen Sie Ruhe ins Spiel! Sie bestimmen das Spiel, nicht er!
Zudem werden Ihnen die Würfe besser gelingen, wenn Sie diese in Ruhe und korrekt ausführen. Sie werden beide mehr Spaß an gelungenen Würfen haben!

Den Sidearm beherrschen Sie auch schon?
Super! Dann wechseln Sie Backhand und Sidearmwürfe ab!
Und machen Sie zwischendurch immer wieder Zerrspiele. Sie fördern den Beutetrieb und der Hund lernt, dass das Spiel bei Ihnen stattfindet.
Lassen Sie sich nicht verleiten, die Scheibe zu holen, wenn Ihr Hund sie nicht zurück bringt. Er soll sie bringen! Tut er es nicht ... brechen Sie das Spiel ab! Wenn er spielen will, wird er sehr schnell begreifen, dass er die Scheibe zurückbringen soll.

Vergessen Sie vor lauter Begeisterung nicht, das Spiel beizeiten zu beenden bevor Ihr Hund dies tut.
Sie beginnen und beenden das Spiel!

3.3 Mit mehreren Scheiben spielen

Fangen Sie jetzt an eine zweite Scheibe ins Spiel zu bringen. Wenn Sie Ihren Hund zu lange nur mit einer Scheibe beschäftigen, ist es hinterher schwer, noch zusätzliche Scheiben ins Spiel zu bringen. Der Hund ist dann schon zu sehr auf die einzelne Scheibe fixiert.
Bringen Sie hierzu Ihrem Hund ein kurzes, prägnantes Kommando bei, um die Scheibe aus zu lassen. So können Sie entscheiden, wo Ihr Hund die Scheibe auslassen soll.
Mit mehreren Scheiben können Sie Fluss ins Spiel bringen.

Zudem lernt Ihr Hund sich auf Sie zu konzentrieren.
Wenn das Spiel zu hektisch wird, bringen Sie Ruhe rein. Ein nervöser Hund kann sich nicht konzentrieren.

Wenn Ihr Hund das Spiel mit mehreren Scheiben angenommen hat, können Sie abwechselnd den Roller, den Backhand und den Sidearm spielen.
Haben Sie auch schon den Upsidedown geübt? Dann los! Bringen Sie ihn auch ins Spiel.

So, jetzt können Sie die Grundbegriffe des Discdoggings. Mit diesen können Sie Ihren Hund wunderbar beschäftigen.

Sie haben Spaß an dem Ganzen gefunden?

Sie wollen mehr?

Schön!

Dann geht es jetzt weiter zu den Tricks, Trickwürfen und Sprüngen.

4. Trickwürfe

Mit den Grundwürfen Backhand, Sidearm und Upsidedown lassen sich viele Trickwürfe machen. Das bringt Abwechslung ins Spiel, macht Spaß und sieht klasse aus.

4.1 Backhand hinter dem Rücken

- Griff

Wie bei einem Backhand.

- Technik

Führen Sie die Scheibe hinter dem Rücken herum. Gehen Sie dabei mit dem gegenüberliegenden Bein des Wurfarmes (Sie werfen rechts, also das linke Bein) vor! Werfen Sie die Scheibe ab. Durch das vorgestellte Bein, blockieren Sie sich nicht beim Abwurf.

Lara kennt schon die Bewegung und weiß was jetzt kommt.

4.2 Der Chair

- Griff

Wie bei einem Backhand.

- Technik

Wie wenn Sie die Scheibe hinter dem Rücken werfen, nur, dass Sie die Beine geschlossen haben, in die Hocke gehen und um Ihre Beine herumwerfen.

Bandit steht schön in Wurfrichtung.

4.3. Der Backhar

- Griff
Wie bei einem Backhand.

- Technik
Wie bei den vorherigen Würfen. Beim Flamingo stehen Sie auf einem Bein, das andere Bein nach oben/hinten oder zur Seite gestreckt. Die Scheibe wird von hinten um das stehende Bein geführt und abgeworfen. Wenn Sie rechts werfen, stehen Sie auf dem rechten Bein.

4.4. Sidearmflamingo

- Griff

Wie bei einem Sidearm.

- Technik

Sie stehen, wie beim Flamingo, auf dem Bein welches auf der Seite Ihres Wurfarms ist. Diesen Flamingo werfen Sie von vorne nach hinten. Sie sollten hinter sich schauen, um zu sehen wohin die Scheibe fliegt.

Wenn die Technik sitzt, können Sie auch eine Drehung einbauen. Verlagern Sie Ihr Gewicht z.B. wenn Sie rechts werfen auf das linke Bein. Drehen Sie sich nun um 180 Grad nach hinten. Bringen Sie Gewicht auf das Wurfbein, nehmen Sie das freie Bein hoch und werfen Sie den Flamingo.

Für den etwas gelenkigeren Discdogger ...

drei …

zwei …

eins … meins!

4.5 Kick

- Griff

Für einen Kick halten Sie die Scheibe wie bei einem Backhand. Dann drehen Sie die Scheibe an, sodass Sie in der Luft steht. Das ist dann der sogenannte Heber.

- Technik

Und nun brauchen Sie die Scheibe nur noch so mit der Außenkante Ihres Fußes zu treffen (also weg kicken), sodass sie fliegt! Um das Ganze noch unterhaltsamer zu machen, können Sie die Scheibe auch erst hinter dem Rücken herumwerfen oder zwischen den Beinen etc. Viel Spaß!

Heber

Das Treffen der Scheibe ist gar nicht so einfach ...

Josera.
So einzigartig wie Ihr Hund.
Gesund & besonders verträglich
• ohne Weizen & Soja
• ohne künstliche Zusätze
Außergewöhnlich lecker
• extra viel Fleisch
• ausgewählte Zutaten
Josera.
Optiness
Adult
15kg
Emotion
Optiness
Herzhaftes Menü mit Kartoffeln
für ausgewachsene Hunde
LIFE PROTECT
ohne Mais · Protein-reduziert · mit Lamm
Knochenbau
Bone Structure
Haut + Fell
Skin and Coat
Vitalität
Vitality
www.josera-emotion.de

4.6 Brushen

- Griff

Je nachdem, welcher Wurf geworfen wird.

- Technik

Hier kommt es nicht auf den Griff an. Das Brushen ist schlicht und ergreifend das weiter-oder wegschieben der Scheibe. Wenn Sie die Scheiben mit einem Heber anwerfen, versuchen Sie die Scheibe mit den Fingerspitzen oder der Handfläche am Rand an zu schieben, sodass sie weiter fliegt. Sie können auch mit einer Hand einen Sidearm werfen und zwar auf Ihre andere Hand und die Scheibe dort weiter brushen.

Zum Brushen gehört etwas Gefühl, kann sonst schmerzhaft werden.

Jetman ist schon gespannt wie ein Flitzebogen und gleich hat er das begehrte Flugobjekt.

Auch hier eine Frage der Treffsicherheit.

Wird er sie fangen?

Es gibt noch mehr Körperstellen, an denen Sie die Scheibe abspringen lassen können.
Z.B. auf dem Knie, an der Brust, am Unterschenkel.

4.7 Knie Kick

- Griff

Halten Sie die Scheibe, wie bei einem Backhand. Nur senkrecht.

- Technik

Drehen Sie die Scheibe an, so dass sie nicht wegfliegt, sondern in der Luft steht. Und zwar vor Ihnen. Jetzt geben Sie der Scheibe mit dem Knie einen Kick. Es ist reine Übungssache, den richtigen Punkt zu finden, dass die Scheibe gut abspringt.

Lara flipt zum Fangen des Knie Kick.

5. Tricks

Die Tricks sind teilweise ohne Scheibe. Sie können aber mit einem anschließenden Wurf gut kombiniert werden. Wenn Sie sich schon mit Dogdancing beschäftigt haben, werden Sie einige davon kennen.

5.1 Slalom

Beim Agility kennen Sie den Slalom durch die Stangen.
Wir ersetzen die Stangen durch unsere Beine.
Lassen Sie Ihren Hund an Ihrer Seite stehen oder sitzen. Gehen Sie mit dem gegenüberliegenden Bein einen Schritt vor. Locken Sie den Hund mit der Scheibe oder auch einem Lecker zwischen Ihren Beinen durch.

Geben Sie ihm Zeit. Für viele Hunde ist es ungewohnt, wenn ihr Mensch über ihnen steht.

Für jeden Schritt in die richtige Richtung: LOBEN!

Mit der Zeit können Sie immer mehr Schritte machen und es wird ein Slalom daraus.

Wenn Sie die Scheibe zum Locken verwenden, können Sie auch mit zwei Scheiben arbeiten. Die eine zeigen Sie, die andere halten Sie hinter dem Rücken, sodass Ihr Hund sie nicht sehen kann.
So können Sie Tempo in den Slalom bringen, ohne die einzelne Scheibe immer von einer in die andere Hand wechseln zu müssen.

5.2 Rolle

Der Name ist hier Programm.

Lassen Sie Ihren Hund sich hinlegen. Nehmen Sie ein Lecker oder Spielzeug. Halten Sie es Ihrem Hund vor die Nase, aber er darf es nicht bekommen.

Will er es haben? Gut. Jetzt führen Sie es hinter dem Kopf des Hundes herum. So führen Sie Ihren Hund in die Rolle. Wenn er schon fast am zur Seite kippen ist, führen Sie mit der freien Hand den Körper weiter. Die meisten Hunde legen sich nicht gerne vor ihrem Rudelführer auf den Rücken. Helfen Sie, wenn Sie merken, dass der Hund abbrechen will, sobald es Richtung Rücken geht, ruhig mit leichtem Druck – nicht mit Gewalt – mit der freien Hand nach. Auch hier wird jeder Schritt in die richtige Richtung belohnt!

Verknüpfen Sie den Vorgang gleich mit einem Kommando.

Liegt Ihr Hund gerne auf der Seite? Sie können die Rolle auch aus dieser Position heraus üben. So ist es oft einfacher.

Mit der Zeit werden Sie das Lecker und Spielzeug nicht mehr brauchen. Das Kommando ist dann ausreichend. Jetzt können Sie auch anfangen die Entfernung zu vergrößern. Bald wird Ihr Hund eine Rolle machen, auch wenn Sie fünf Meter entfernt sind. Sie können das Kommando auch mit einem Sichtzeichen verknüpfen, z.B. ein Kippen Ihres Kopfes nach rechts oder links und Ihr Hund macht die Rolle ohne Worte!

Wenn die Rolle sicher klappt, können Sie noch weitermachen.

- lassen Sie Ihren Hund abliegen.
Legen Sie sich gegenüber. Machen Sie beide gleichzeitig die Rolle.

Lassen Sie Ihren Hund neben sich liegen. Sie stehen.
Während er die Rolle macht, springen Sie über ihn.

Koordination,
Timing & Vertrauen.

5.3 Drehung

Hier bei soll sich Ihr Hund um die eigene Achse drehen.

Fangen Sie mit einem Lecker oder Spielzeug an ihn in die Drehung zu führen, ohne, dass er es bekommt. Ist die Drehung ausgeführt, gibt es die Belohnung und **LOB**. Verknüpfen Sie das Ganze wieder mit einem Kommando.

Üben Sie die Drehung links und rechts herum. So wie Menschen haben auch Hunde eine Lieblingsseite. Ihr Hund wird also die Lieblingsseite bevorzugen. Mit ausreichend Geduld und Training wird er die Drehung in beide Richtungen machen.

Klappt die Drehung, können Sie Ihren Hund die Scheibe aus der Drehung heraus fangen lassen.

5.4 Hoop

Beim Hoop bilden Sie mit einem Arm und Bein einen Reif.

Guter Gleichgewichtssinn ist gefragt!

Mit der freien Hand halten Sie die Scheibe. Ihr Hund soll auf der anderen Seite des Reifes sein und hindurch springen. Dabei soll er die Scheibe fangen.

Lassen Sie am Anfang Ihren Hund die Scheibe aus der Hand nehmen. Später können Sie die Scheibe leicht an drehen so, dass sie in der Luft steht und von Ihrem Hund beim Sprung durch den Reif gefangen werden kann.

Das Andrehen der Scheibe, damit sie in der Luft steht, ist der Heber. Drehen Sie die Scheibe mit viel Spin aus dem Handgelenk an. Sie soll nur in der Luft stehen, nicht in irgendeine Richtung fliegen.

Scheibe rechtzeitig loslassen nicht vergessen!

5.5 Butterfly

Nehmen Sie die Scheibe so, dass das Deckblatt zu Ihrem Körper zeigt. Die Scheibe steht auf Ihren Fingern und der Daumen stützt sie auf dem Deckblatt ab.

Beim Butterfly rotiert die Scheibe um die horizontale Achse

Wie erreichen Sie das?
Geben Sie der Scheibe mit dem Daumen einen Schubs nach vorne und ziehen Sie gleichzeitig die Hand zurück.

Der Butterfly ist kein spektakulärer Wurf, aber es erfordert von Ihrem Hund Aufmerksamkeit und Geschick die Scheibe zu fangen.

„Komm schon! Krieg dich eh!"

5.6 Dogcatch

Beim Dogcatch fangen Sie Ihren Hund aus dem Sprung in der Luft. Da sich nicht jeder Hund gerne auf den Arm nehmen lässt, fangen Sie damit an Ihren Hund daran zu gewöhnen, indem Sie ihn hoch nehmen und tragen. Vielen Hunden wurde das Hochspringen abgewöhnt.
Für den Dogcatch müssen Sie ihn an diese Art des gewollten Körperkontaktes wieder gewöhnen.

Fangen Sie an, indem Sie sich auf den Boden setzen und Ihren Hund erst neben sich, dann auf Ihren Schoß sitzen lassen. Verknüpfen Sie es gleich mit einem Kommando.

Wenn das klappt, erhöhen Sie mit der Zeit Ihre Sitzposition so, dass Ihr Hund ihnen auf den Schoss springen muss. Klappt auch das, können Sie anfangen im Stehen zu üben. Achten Sie auf einen sicheren Stand, denn auch ein kleiner Hund kann im wahrsten Sinne des Wortes umwerfend sein.
Wenn Ihr Hund jetzt auf Ihr Kommando hin hochspringt, brauchen Sie das richtige Timing, um ihn in der Luft zu fangen.

Fangen Sie ihn mit beiden Armen – dann ganz arg loben!

Sicher ist es bei einigen Hunden einfacher die Scheibe als Auslöser zu nehmen. Aber bedenken Sie, dass Sie dann die Scheibe und das Fangen des Hundes managen müssen. Ich für meinen Teil finde es einfacher, erst zu üben den Hund zu fangen und später die Scheibe ins Spiel zu bringen.

Sorgen Sie nach dem Dogcatch dafür, dass Ihr Hund wieder sicher auf dem Boden landet. Manche zappeln auf dem Arm dann so, dass sie fast auf die Nase fallen oder umknicken, wenn man sie herunter lässt.

Sicherer Stand und Timing sind ganz wichtig.

6. Sprünge

Die Sprünge sind das, was für viele das Discdogging so interessant macht. Besonders, wenn sie spektakulär aussehen.

Leider übersehen die meisten Hundebesitzer, dass Sprünge den Körper des Hundes stark beanspruchen. Probieren Sie es selbst aus.

Ziehen Sie die Schuhe und Strümpfe aus. Stellen Sie sich auf einen Stuhl und springen Sie herunter.
Jetzt werden Sie sagen: „Ist doch nicht so wild".
Sicher, so ein Stuhl ist ja auch nicht allzu hoch.
Machen Sie das noch ein paar Mal.
Wird doch unangenehm.

Sicher, der Köper des Hundes ist anders gebaut. Aber Sie lassen ihn ja nicht nur ein, zweimal springen. Wenn Sie einen Sprung üben, machen Sie das mehrmals, bis er klappt.

Worauf möchte ich hinaus:
Ich möchte Ihnen die Sprünge nicht ausreden. Mein Hund und ich haben selbst Spaß daran. Sie ist eine richtige Springmaus.

Ich möchte ihnen lediglich die Augen öffnen, damit Sie erkennen, dass hinter dem noch so unscheinbarsten Sprung viel Training steckt.

Um das Verletzungsrisiko so gering wie möglich zu halten, sollte der Sprung Schritt für Schritt aufgebaut werden. So können auch Spätfolgen verringert/vermieden werden, da die nötige Muskulatur aufgebaut wird und der Hund lernt sauber ab zu springen und zu landen.

Also, fangen wir klein an!

Grundsätzliches :

- Ein Sprung, egal von welcher Höhe darf nicht steil sein. Die Gelenke werden sonst nur unnötig belastet.
- Der Hund soll nicht in den Sprung hinein rasen. Anlauf ist o.k. aber sinnloses Stürmen macht es unmöglich, den Sprung zu kontrollieren.
- Ein Sprung sollte nicht um irgendwelche Biegungen herum ausgeführt werden. Leicht verdreht sich der Hund dabei in der Luft und kann nicht mehr sicher landen.
- Bringen Sie dem Hund ein Kommando für den Absprung bei. So können Sie schmerzhafte Zusammenstöße vermeiden.
- Vermeiden Sie Hektik. Ein hektischer Hund konzentriert sich nicht.
- Auch, wenn Ihr Hund ein Hüpfer ist… fangen Sie mit niedrigen, kontrollierten Sprüngen an.

Beim Discdogging werden Sprünge in Vaults und Over unterschieden.

- Over
Hierbei überspringt der Hund einen Körperteil.

- Vaults
Hierbei springt der Hund von einem Körperteil ab.

Bei einem Vault springt der Hund also höher. Ein sicherer Absprung ist hier besonders wichtig, damit der Hund nicht abrutscht und ungeschickt landet oder sogar stürzt.

So, jetzt aber genug vorweg gesagt.
Wie fangen Sie denn nun am geschicktesten an?

6.1 Und wieder ist aller Anfang nicht unbedingt leicht...

Fangen Sie an, indem Sie sich auf den Boden setzen, Beine ausgestreckt.
Lassen Sie Ihren Hund entweder links oder rechts von Ihren Beinen sitzen. In die gegenüberliegende Hand nehmen Sie die Scheibe. Ist Ihr Hund zu heiß auf die Scheibe, können Sie auch mit einem anderen Lockmittel arbeiten und erst später die Scheibe nehmen. Besser ist es aber, von Anfang an die Scheibe zu nehmen und lieber jedesmal Ihren Hund ruhig sitzen zu lassen, bevor es weiter geht.
Nun lassen Sie den Hund über Ihre Beine hüpfen und ihn die Scheibe aus Ihrer Hand nehmen. Loben. Wiederholen Sie es, bis es klappt.
Klappt es sicher, nehmen Sie das Bein hoch, das dem Hund fern ist. So erreichen Sie, dass er sich im Sprung strecken muss und nicht zu steil springt.
Jetzt können Sie die Höhe des Sprunges variieren, indem Sie knien, hokken, stehen und dabei ein Bein zum Übersprung anbieten.

6.2 ... noch mehr Bodenarbeit

Und da Sie sowieso gerade am Boden sind... fangen Sie an, Ihren Hund daran zu gewöhnen, auf Ihrem Bauch zu stehen. Mit Hilfe können Sie ihn auch an das Stehen auf dem Rücken gewöhnen. Das ist nötig, wenn Sie später Körperabsprünge machen wollen.

Legen Sie sich hin und locken Sie Ihren Hund mit Lecker auf Ihren Bauch oder mit Hilfe einer zweiten Person auf Ihren Rücken. Loben Sie Ihren Hund für jede Pfote, die er auf Sie drauf setzt.

Bedenken Sie, Ihr Köper ist ein ungewöhnlicher Untergrund für Ihren Hund. Lassen Sie ihm Zeit, sich daran zu gewöhnen. Hat er sich daran gewöhnt und steht mit allen Vieren auf Ihnen, üben Sie das, bis es selbstverständlich ist. Dann fangen Sie an, mit dem Körper höher zu gehen, damit Ihr Hund aufspringen muss. Auch daran soll er sich erst gewöhnen. Also Zeit lassen.

Nun haben Sie die Grundlagen gelegt und können darauf aufbauen.
Im Folgenden eine kleine Auswahl.

6.3 Over (Übersprünge)

6.3.1 Overleg

Mit diesem Sprung haben Sie ja davor angefangen. Ob Sie nun das Bein nach vorne, hinten oder zur Seite halten und in welcher Höhe, liegt in Ihrem Ermessen. Wichtig ist in erst Linie, dass der Hund sauber springt.

Schöner Sprung!

Guter Absprung!

Zu den Over kann auch der Hoop gezählt werden.

6.3.2 Over Arm

Lassen Sie Ihren Hund anstelle des Beines über den Arm springen. Auch hier liegen Richtung und Höhe in Ihrem Ermessen.

Lara nimmt schön die Hinterläufe mit, um nicht hängen zu bleiben.

6.3.3 Over Knie

Hierbei winkeln Sie das zu überspringende Bein an.
Entweder indem Sie am Boden knien oder im Stehen.

6.3.4 Over Bauch

Lassen Sie Ihren Hund über Ihren Bauch springen. Sie können dabei am Boden liegen oder auch eine Brücke machen.

Kirra streckt sich schön in der flachen Flugbahn.

6.3.5 Over Rücken

Das ist der Sprung über den Rücken. Beginnen Sie diesen Over am Besten mit Hilfe einer zweiten Person.

Üben Sie mit der zweiten Person, wie Sie die Scheibe werfen müssen (ohne Hund).

Sind Sie hierbei sicher, kommt Ihr Hund dazu. Platzieren Sie ihn auf der Seite, von wo er abspringen soll (z.B. hinter Ihnen).

Ihr Helfer stellt sich auf die andere Seite. Jetzt gehen Sie in Position.
Achten Sie auf sicheren Stand. Ihr Helfer hält die Scheibe so, dass Ihr Hund sie gut aus dem Sprung fangen kann.

Alles bereit?
Dann geben Sie Ihrem Hund das Kommando für den Sprung.
Mit der Zeit können Sie die Scheibe selber halten. Klappt auch das, fangen Sie an, die Scheibe so zu werfen, dass Ihr Hund sie in der Luft fängt.

6.4 Vaults (Körperabsprünge)

6.4.1 Back and Frontvault

Für Vaults haben Sie Ihren Hund ja bereits an den Körperkontakt gewöhnt. Und mit dem Over ist es ihm vertraut, an Ihrem Körper zu arbeiten.

Jetzt kommt der Schritt, dem Hund bei zu bringen, von Ihrem Körper ab zu springen. Für Absprünge von Bauch und Rücken muss es ihm erst beigebracht werden, darauf zu stehen. Ihr Hund muss sich erst an das neue Gefühl ihres Körpers unter seinen Pfoten gewöhnen.
Das geht am Besten mit Hilfe einer zweiten Person.

Beginnen Sie am Besten mit Lecker als Lockmittel. Fangen Sie ganz niedrig an. Belohnen Sie Ihren Hund für jeden Schritt.

Aller Anfang ist schwer...

... aber für Futter kann man es ja mal versuchen!

Steht er sicher auf Bauch und Rücken, erhöhen Sie die Höhe so, dass Ihr Hund aufspringen muss. Hier ist die zweite Person sehr hilfreich, besonders beim Rükken, um Ihrem Hund Sicherheit zu geben. Lassen Sie Ihren Hund immer kurz stehen, denn wenn er aufspringt, um ab zu springen, wird es schwer, einen sauber gesprungenen Vault hin zu bekommen.

Erst, wenn Ihr Hund sicher steht und darauf wartet, was er als Nächstes tun soll, kommt die Scheibe ins Spiel. Am Besten wieder erst mit Hilfe einer zweiten Person.

Auch sollten sie mit der zweiten Person wieder Trockenübungen machen, und zwar ohne Hund.

Die zweite Person hält die Scheibe und Sie geben das Kommando für Aufsprung. Lassen Sie Ihren Hund kurz stehen. Die zweite Person hält die Scheibe so, dass der Hund sie im Sprung fangen kann. Auch muss die Scheibe so gehalten werden, dass die Höhe und Weite den Hund zusätzlich animiert, ab zu springen. Dann geben Sie das Kommando für den Absprung.
Üben Sie den Vault nicht zu oft ... denken Sie an die Gelenke, Bänder und Knochen Ihres Hundes. Springt Ihr Hund nun sicher von Ihrem Bauch oder Rücken ab, fangen Sie an, die Scheibe selber zu werfen.

Das erfordert ein gutes Timing!

Stehen sie sicher beim Backvault!
... ihr Hund kann sie ganz ordentlich
aus dem Gleichgewicht bringen.

Sie müssen die Scheibe im richtigen Moment hoch genug werfen, damit Ihr Hund sie fangen kann und nicht erst von Ihnen herunter springt und dann die Scheibe fängt.

... und ... Action!

6.4.2 Catapult

Zu den Körperabsprüngen zählt auch der Catapult.
Hierbei stehen Sie auf einem Bein, das andere ist angewinkelt.

Auch beim Catapult ist Gleichgewicht gefragt.

Ihr Hund soll von dem abgewinkelten Bein nach der Scheibe abspringen. Da Sie ja schon Übersprünge geübt haben, wird Ihr Hund ohne Weiteres über das angewinkelte Bein springen.

Aber wie bekommen Sie ihn dazu, von dem Bein ab zu springen? Eigentlich recht einfach.

Sie müssen nur die Scheibe so hoch halten, dass er sie durch einen normalen Übersprung nicht erreichen kann. Da Hunde sehr einfallsreich sind wenn sie etwas haben wollen, wird er schnell begreifen, dass er Ihr angewinkeltes Bein als Absprungrampe nutzen kann und so die Scheibe erreicht.

Schöner Sprung!

Wichtig ist auch, dass Sie die Scheibe nicht nur hoch genug halten, sondern auch den Arm weit ausstrecken, so macht sich Ihr Hund lang im Sprung.

Lassen Sie Ihren Hund die Scheibe zuerst aus der Hand nehmen. Springt er den Catapult sicher, können Sie die Scheibe werfen.
Achten Sie auf Ihren sicheren Stand. Das ist auf einem Bein gar nicht so einfach. Schon gar nicht, wenn sich Ihr Hund dann auch noch von Ihrem anderen Bein abdrückt.

Hier ist gut zu sehen, wie sich Lara vom Oberschenkel abdrückt.

6.4.3 Noch ein kleiner Tipp

- Ziehen Sie sich dick an, wenn Sie Vaults üben ...
  außer Sie möchten einen zerkratzten Körper haben ...
  Auch leichte Hunde hinterlassen schöne Spuren!
- Achten Sie darauf, dass die Kleidung nicht rutschig ist.
  Sonst kann Ihr Hund nicht sicher stehen und abspringen.
- Die Kleidung sollte nicht zu weit sein. Schnell hat sich Ihr Hund darin verfangen!

Fein, jetzt können Sie und Ihr Hund doch schon eine ganze Menge.
Es gibt noch eine ganze Reihe an Tricks, Würfen, Sprüngen.
Doch das würde hier den Rahmen sprengen.

Da die Discdoggemeinde immer größer wird, werden bestimmt auch Sie die Möglichkeit finden, bei Teams mit zu trainieren.

Sie können natürlich auch selbst kreativ werden! Der Phantasie sind, wie schon erwähnt, keine Grenzen gesetzt. Außer, wenn es um die Sicherheit und Gesundheit Ihres Hundes geht.

Zu Beginn habe ich erwähnt, dass man Discdogging zum einen als reine Spaßbeschäftigung oder auch mit Turnierambitionen ausüben kann.
Wenn Sie vorher nicht schon wussten, was Ihnen und Ihrem Hund zusagt, haben Sie das vielleicht beim Lesen und Üben herausgefunden.

Haben Sie sich also entschlossen, keine Ambitionen in Richtung Turnierteilnahmen zu entwickeln, habe ich es hoffentlich geschafft, Ihnen ein paar neue Ideen mit auf Ihren Spaziergang zu geben.
Sind Sie andererseits gewillt, sich als Team mit anderen Teams auf Turnieren zu messen... auf geht's!
Es gibt immer mehr Turniere in ganz Deutschland und Europa.
Fragen Sie sich, was Sie auf Turnieren erwartet?
Dann werden Sie hier geholfen!

Doch zuvor:
Alles, was Sie bis jetzt gelernt haben, können Sie miteinander kombinieren. Es bieten sich viele Kombinationsmöglichkeiten, die immer wieder Abwechslung ins Spiel bringen.

Legen Sie los!

7. Turniere

Da das Discdogging, hier in Europa noch in den Kinderschuhen steckt, ist die Anzahl noch gering. Aber die Tendenz ist steigend.

Je nach Ausrichter, gelten unterschiedliche Reglements. Ich möchte hier nicht näher darauf eingehen, das würde den Rahmen sprengen.
Im Anhang finden Sie Internetadressen, unter denen Sie ausreichend Info dazu erhalten.

Eines haben alle Reglements gemeinsam:
Die Sicherheit des Hundes steht im Vordergrund.
Je nach Ausrichter werden verschiedene Starterklassen angeboten.

Am häufigsten sind Klassen für:
- Kinder und Jugendliche (Juniorclass)
- Junghunde (Puppyclass)
- Anfänger
- Fortgeschrittene

Welche Voraussetzungen zum Starten in den Klassen da sein sollte, ist den Ausschreibungen zu entnehmen.

7.1 Disziplinen

Es gibt die Disziplinen:
Minidistance (Throw and catch), **Freestyle** und **Faraway** (Long Distance).

Das Faraway wird nur sehr selten ausgetragen.
Bei den meisten Turnieren werden Minidistance und Freestyle ausgetragen.
Wobei Minidistance und Freestyle meist nicht einzeln zur Wahl stehen, sondern bei Anmeldung beide Wettbewerbe inbegriffen sind.
Bei einigen Turnieren ist die einzelne Teilnahme möglich (können Sie der Ausschreibung entnehmen).

Normalerweise umfasst der Wettbewerb zwei Runden Freestyle und eine Runde Minidistance.

Es gibt auch immer wieder Spaßturniere und Spieletage.

Bei „normalen“ Turnieren gibt es drei Judges (Richter), die die Leistung von jedem Hund/Menschen-Team bewerten.
Worauf bei der Bewertung geachtet wird, finden Sie auch in den Reglements.

Bei Spaßturnieren und Spieletagen kommt es auf den Veranstalter an, ob die Leistungen gewertet werden oder nicht.

7.2 Minidistance (Throw and Catch)

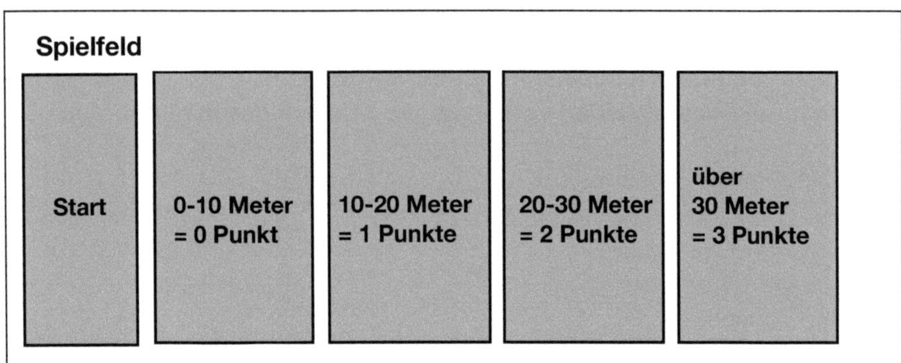

Das Hund/Menschteam hat 60 Sekunden Zeit, so viel Punkte wie möglich zu sammeln.
Am Anfang befinden sich Hund und Mensch hinter der Startlinie. Mit dem ersten Abwurf der Scheibe läuft die Zeit. Oder mit dem Überschreiten der Linie durch den Hund (manche schicken ihren Hund voraus und werfen dann).
Punkte gibt es, wenn die Scheibe vom Hund innerhalb des Spielfeldes aus der Luft gefangen wird. Je weiter der Wurf, desto mehr Punkte gibt es (siehe Abbildung).
Vor Beginn hat der Werfer die Möglichkeit, einen Probewurf zu machen. Mit oder ohne den Hund.
Die Zeit wird bei 30 Sekunden angesagt und ab 10 Sekunden herunter gezählt.
Fängt der Hund nach Ablauf der Zeit, eine bereits geworfene Scheibe, werden die Punkte noch gezählt.
Es wird mit einer Scheibe gespielt. Ob das Team mit einigen langen Würfen oder mehreren kurzen Würfen versucht so viele Punkte wie möglich zu erreichen, steht jedem frei.
Bei Übertritt des Werfers (Startlinie) wird der Wurf nicht gezählt.

7.3 Faraway (Long Distance)

Das Team hat drei Würfe. Der weiteste und in der Luft gefangene Wurf wird gewertet. Jeder Wurf wird gemessen, d. h. die Weite in Metern. Und zwar von der Startlinie, bis zu dem Punkt, an dem die Hinterläufe des Hundes bei der Landung aufkommen.

7.4 Freestyle

Beim Freestyle hat das Team zwei Minuten Zeit, mit einer Kür zu Musik zu zeigen, was es so drauf hat.
- verschiedene Wurftechniken
- Tricks mit der Scheibe
- Übersprünge
- Absprünge

Es darf mit bis zu sieben Scheiben gespielt werden. Der Phantasie sind keine Grenzen gesetzt, solange die Sicherheit und Gesundheit des Hundes nicht darunter leiden.

Bewertet wird:

- der Mensch: verschiedene Wurftechniken,
Kreativität,
Unterschiedliche Elemente werden bewertet, Wiederholungen nicht

- der Hund: Athletik,
Motivation,
Fangfähigkeit,
Kontrolle in der Luft und bei Landungen

- das Team: Teamwork,
Scheibenmanagement,
Interaktion Mensch und Hund,
Showmanship.

- die Catch Ratio: das Verhältnis von geworfenen, zu gefangenen Scheiben (wird mit einer Formel berechnet).

- die Sicherheit: unsichere Landungen des Hundes, durch den Werfer verursacht, werden mit Punktabzug gewertet.

Freestyle ist für viele Discdogging-Freunde die Königsdisziplin. Bei der Gesamtwertung eines Turnieres ist das Minidistance aber oftmals ausschlaggebend. Denn richtig punkten bei Minidistance ist auch eine Kunst für sich.
Bei einem niedrigen Punkteergebnis im Minidistance, kann oft ein noch so guter Freestyle nicht mehr helfen!

Für den Freestyle ist es geschickt, sich eine Kür zusammen zu stellen. So wird der Ablauf flüssiger.
Natürlich können Sie sich auch einfach auf das Spielfeld stellen und mit Ihrem Hund los freestylen, wie z.B. so Leute wie ich, die ihre Kür auf dem Spielfeld vergessen!

Was Ihnen und Ihrem Hund mehr liegt, werden Sie schon herausfinden.

Das Wichtigste ist:
Hauptsache Sie beide haben Spaß dabei!

8. Anhang

Bei Entstehung dieses Buches steckt der Discdogsport in Deutschland noch in den Kinderschuhen.

Einige Hundeschulen haben Discdogging in ihr Programm aufgenommen. Einige Discdogger haben sich zu Interessensgruppen oder auch Vereinen zusammen geschlossen.

Es gibt Regionalmeisterschaften, Deutsche Meisterschaften
und Europäische Meisterschaften.
Zur Zeit ist keine Qualifikation für die Teilnahmen erforderlich.
Es werden auch immer wieder Seminare angeboten.

Vielfältige Informationen können Sie im Internet finden.

Im Anschluss habe ich einige Internetadressen zusammengestellt.

Bleibt mir nur noch, Ihnen und Ihrem Hund viel Spaß mit der Scheibe zu wünschen.

In diesem Sinne

Let´s rock the disc with your dog!

Julia Zimmermann

Internetadressen:

Organisationen:

U.f.O.
Unified frisbeedog operations
www.ufoworldcup.com

Deutscher Frisbeesportverband
www.frisbee.de

Clubs:
Fundogteam Karlsruhe
www.fundogteam.de
www.fundoginfo.de

Discrockers
www.discrockers.de